AF495821

CLAUDINE

OU

LE PETIT COMMISSIONNAIRE,

COMÉDIE EN UN ACTE

ET EN PROSE MÊLÉE D'ARIETTES,

Par le C. Jacques-Marie DESCHAMPS.

Musique du C. BRUNI.

Prix Vingt [illegible].

A PARIS;

Chez HUET, Libraire, Marchand de Musique et d'Estampes, rue Honoré, vis-à-vis les Jacobins, n°. 70.; et au Théâtre de la rue Feydeau.

An deuxième.

PERSONNAGES.	ACTEURS. Les CC.
LORENZY, banquier Genevois.	*Juliet.*
FLORVILLE, officier Français.	*Lebrun.*
DUBOIS, domestique de Florville.	*Martin.*
ROBERT, domestique de Lorenzy.	*Le Sage.*
Madame SIMON, femme de charge chez Lorenzy.	*Hédoux.*
CLAUDINE, sous le nom de Claude, et sous un habit de Savoyard.	*Scio.*
BENJAMIN, son fils.	*Juliet, fils.*

La Scène est à Genève, dans une place publique.

CLAUDINE

OU

LE PETIT COMMISSIONNAIRE,

COMÉDIE

EN UN ACTE ET EN PROSE

Mêlée d'Ariettes.

Le Théâtre représente une place publique. Sur un des côtés un banc de pierre. Vis-à-vis est supposée la maison de Lorenzy.

SCÈNE PREMIÈRE.

ROBERT, *sortant de la maison de Lorenzy.*

CLAUDE..... Claude..... Pas encore de retour.... Je vois bien sa sellette, (*elle est auprès du banc de pierre.*) mais il est à courir, et voila mon maître parti, sans avoir pu lui parler.— Mais aussi qu'est-ce que mon maître peut avoir de si pressé a lui dire ? Oh! je ne suis pas jaloux ! mais je vois clair. Ce petit Claude pourrait bien faire son chemin a mes dépens ; parce qu'il est gentil, c'est à qui l'employera dans la maison. Autrefois j'étais le favori, chacun me disant des douceurs : mon bon ami par-ci, mon cher enfant par-là.....

1er. Couplet.

On riait de ma tournure
Et de mes airs ingénus
Depuis qu'on voit sa figure,
On ne me regarde plus
Tandis que chacun me gronde,
Ce qu'il fait est toujours bien :
Oui, c'est l'ami de tout le monde....
Et moi, je ne suis plus rien.

2me. Couplet.

Oui, j'ai de l'esprit, sans doute,
On me le disait souvent
Mais dès qu'il parle, on l'écoute,
Et je me tais à présent.
Tandis que chacun me fronde,
Ce qu'il dit est toujours bien....
C'est l'oracle de tout le monde.....
Et moi, je ne suis plus rien.

Parbleu la mere Simon avait bien besoin de placer ce petit commissionnaire à notre porte — Mais voyez s'il paraît à ... (*on l'appelle encore.*), Claude.... Claude....

SCENE II.

Madame SIMON, *sortant de la maison et accourant*, ROBERT.

Madame SIMON.

EH ! bon dieu, qu'avez-vous donc tant à crier qu'on vous entend de la maison ? ne pouvez-vous nous laisser tranquillement tout préparer pour cet ami de mon maître, qui arrive à Genève aujourd'hui même. — Claude ... Claude ... C'est toujours lui qu'on appele du matin au soir. Ce pauvre enfant !....

ROBERT *la contrefaisant.*

Ce pauvre enfant!

Madame SIMON.

Ne voyez-vous pas qu'on l'a déja envoyé quelque part? Est-ce qu'il peut répondre à tout le monde? Comment voulez-vous qu'il y suffise, imbécile que vous êtes?

Duo.

ROBERT.

Ah! fort bien, dame Simon,
Toujours prête à le défendre,
Et j'en sais bien la raison.

Madame SIMON.

Oh! c'est qu'en lui l'on ne peut rien reprendre.

ROBERT.

C'est qu'il est joli garçon.

Madame SIMON.

Certes, il est joli garçon.

ROBERT.

Et je le dis sans façon.
L'on en rit dans la maison.

Madame SIMON.

L'on doit savoir, à mon âge,
Mépriser le bavardage,
Les caquets d'une maison.

ROBERT.

Il vaudrait mieux, à votre âge,
Savoir mépriser l'hommage
D'un jeune et joli garçon.

ENSEMBLE.

Madame SIMON.	ROBERT.
L'on doit savoir à mon age, etc.	Il vaudrait mieux à votre age, etc.

Madame SIMON, *à part.*

Oh! si tous les garçons ressembloient à celui-là, ils ne seroient pas dangereux.

ROBERT.

Eh ! bien, mère Simon, défendez le tant qu'il vous plaira : mais, moi, je dirai toujours qu'il fallait à la porte d'un banquier aussi occupé que mon maître, un commissionnaire, plus exact, moins jeune.

Madame SIMON.

Ah ! il ne vous plaît pas ? Voyez donc le grand malheur de n'être pas du goût de monsieur ! ne prend-il donc pas assez de peine ici pour tout le monde ? Se plaint-il de rien ? Se refuse-t-il à l'ouvrage ? Consulte-t-il ses forces ? Vingt fois ne l'ai-je pas vu courbé sous des fardeaux qui me faisoient trembler pour lui ? Et qu'a-t-il pour tout cela ? Une petite chambre au cinquième qu'on lui donne, comme par grace, et de minces profits qui le feroient à peine vivre, lui et son petit frère Benjamin, s'il n'avoit sa sellette et les commissions du voisinage.... Ah ! jour de dieu ! si l'on s'avisoit de le chagriner....

ROBERT.

C'est donc comme ça, mère Simon. Adieu, adieu, mon maître est sorti et je cours le rejoindre.

Madame SIMON.

Oui, finissons, je n'aime point à causer avec vous. Qu'est-ce que vous lui vouliez ?

ROBERT.

Vous avez donc tout dit ?

Madame SIMON.

Voyez, s'il parlera, que lui vouliez-vous ?

ROBERT.

Moi, je ne lui veux rien ; c'est mon maître qui, en rentrant, demande à lui parler.

Madame SIMON.

A lui parler !

ROBERT.

Oui.... elle se doute bien pourquoi, je gage, et la voilà bien contente. (*il sort.*)

SCENE III.

Madame SIMON, *seule.*

AH ! j'entends, voilà ce qui vous fâche, il faudroit qu'on ne vît que vous, qu'on ne parlât qu'à vous (*tournant la tête et ne voyant plus Robert.*) Où est-il donc ? Il est parti ! tant mieux. Cet imbécile ! me croire amoureuse de.... (*en riant*) de qui ! d'une jeune bergére, d'une fille cachée sous un habit de garçon, à qui je tiens lieu de mère, quand sa famille la rejette. Pauvre Claudine ! que de larmes lui a coûtées la perfidie d'un séducteur ! je crois la voir encore chez le curé Salenches, à genoux, près de la porte, le visage couvert de ses deux mains, et n'osant lui demander un asile que lui refusoit un père inflexible ! hélas ! elle s'est bien punie elle-même ; se soumettre ainsi à l'état le plus dur !... mais elle y trouve de quoi nourrir son enfant, et sous ce déguisement, du moins, elle est inconnue, et n'a pas à rougir.

SCENE IV.

Madame SIMON, CLAUDINE.

CLAUDINE, *accourant.*

C'EST vous, ma bonne, j'ai eu bien des commissions à faire aujourd'hui. En avez-vous quelqu'une à me donner ? aurai-je le tems d'entrer pour voir mon pauvre Benjamin ?

Madame SIMON.

Sois tranquille, il n'est pas encore éveillé.... mais qu'as-tu donc, mon enfant, tu as pleuré ?

CLAUDINE, *avec embarras.*

Oh ! non, ma bonne.

Madame SIMON.

Je te trouve bien triste.

CLAUDINE.

Ce n'est pas d'aujourd'hui, vous le savez.

Madame SIMON.

Ecoute.... A son retour, monsieur Lorenzy veut te parler.

CLAUDINE.

A moi!

Madame SIMON.

Oui, j'ai ordre de te le dire.

CLAUDINE.

C'est la première fois, je serai bien embarrassée.

Madame SIMON.

Pourquoi donc? Parce qu'il est riche, va, c'est un homme tout uni, un peu malin, aimant à rire, mais point méchant; en attendant qu'il revienne, cours, vite, porter le billet de notre commis, chez le banquier voisin, le confrère de mon maître; c'est de l'argent que tu rapporteras. Je t'ai ménagé exprès cette commission pour faire voir peu à peu que tu mérites toute confiance. — Il faudra tâcher aussi de te faire bien venir de l'étranger dès qu'il sera chez nous. Tu as besoin de tout le monde — .. mais quoi! encore des larmes dans tes yeux?

CLAUDINE, *en hésitant.*

Dites-moi, ma bonne, cet ami qu'on attend?

Madame SIMON.

Eh bien!

CLAUDINE.

Est-il vrai que c'est.. un Français?

Madame SIMON.

Sans doute, et un brave homme, qui partit d'ici, il y a cinq à six ans, pour servir la cause de la liberté dans le Brabant. On dit qu'il a été fait prisonnier de guerre et retenu long-tems en Allemagne. Il n'avoit pas revu Monsieur Lorenzy depuis ce tems là.

CLAUDINE, *soupirant.*

Et il arrive aujourd'hui ?

Madame SIMON.

Tu soupires.... Ah! j'entends, le seul nom de Français te fait souvenir de celui.... n'y songe donc plus. Qu'elle foiblesse ! tu m'avais bien promis de l'oublier.

CLAUDINE.

1er. Couplet.

Je voudrais en vain m'en distraire,
Tout le rappelle à ma douleur.
N'ai je donc pas fait le malheur
De la vieillesse de mon pere ?
Plus de famille.... plus d'amant....
Aucun ne plaint mon sort funeste.....
Hélas ! de l'erreur d'un moment,
Voilà donc tout ce qui me reste !

2eme. Couplet.

Reçois, me disait-il, ma chère,
Tous les sermens de ton époux.
De benir des liens si doux,
J'irai, j'irai presser ton pere....
Ah ! faut-il en croire un amant,
Et les nœuds sacrés qu'il atteste....
L'erreur n'a duré qu'un moment,
La honte pour jamais me reste.

Madame SIMON.

Oui, les sermens ne coûtent rien aux séducteurs.

CLAUDINE.

Ah ! ma bonne ! je lui étois chère, j'aime encore à le croire. Avant de s'éloigner, ses soupirs, ses regards, son trouble sembloient m'avertir de son départ. Il lui en a coûté, j'en suis sûre, pour m'abandonner... que seroit-ce, s'il savoit qu'un fils ! ... mais je n'étais qu'une pauvre villageoise, il eût rougi de m'épouser. Il auroit craint le monde et les reproches de ses amis. A leurs yeux, ce n'est pas un crime de me ravir l'honneur, c'en eût été un de me le rendre.

Madame SIMON.

Ce n'est plus ainsi, dit-on, que pensent les Français, et chez eux tout a bien changé. Essuie donc tes yeux; je crains toujours qu'on ne te surprenne, qu'on ne te devine. Encore hier au soir, au jardin, tu sais quelle frayeur nous eûmes d'avoir été entendues; cela nous forceroit à nous séparer, peut être.

CLAUDINE.

Nous séparer?

Duo.

CLAUDINE.

Près de vous, que votre fille
Puisse terminer ses jours!
Ah! vous êtes ma famille,
Puissiez-vous l'être toujours!

Madame SIMON.

Oui, c'est près de moi, ma fille,
Que tu passeras tes jours;
Je remplace ta famille,
Et je t'aimerai toujours.

CLAUDINE.

Ah! loin de vous qu'irais-je faire?
De moi quelle autre aurait pitié?
Dans mes chagrins, dans ma misère,
J'ai pour seul bien, votre amitié....

ENSEMBLE.

CLAUDINE.	Madame SIMON.
Près de vous, que votre fille, etc.	Oui, c'est près de moi, ma fille, etc.

Madame SIMON.

Tous ces trompeurs, crois moi, ma chère,
Oublions-les pour jamais.

CLAUDINE.

Non, il en est un, ma mère,
Que je n'oublierai jamais.
Mais je saurai mieux, j'espère,
Cacher mes pleurs indiscrets.

ENSEMBLE.

CLAUDINE.	Madame SIMON.
Près de vous, que votre fille, etc.	Oui, c'est près de moi, ma fille, etc.

Madame SIMON.

Mais j'oublie qu'il faut aller chez le banquier.

CLAUDINE.

Et monsieur Lorenzy à qui je dois parler

Madame SIMON.

Cours vite, tu auras le tems, et tu lui donneras la réponse à lui même.

CLAUDINE.

J'y vais. (*elle sort.*)

SCENE V.

Madame SIMON, *seule.*

JE voudrais qu'ici tout le monde l'aimât autant que moi. -- monsieur Lorenzy en l'écoutant, verra combien mon parent de Salenches a su former son esprit, et sans la connaître, je suis sûre qu'il s'intéressera pour elle.... Patience, malgré ce Robert....

SCENE VI.

Madame SIMON, ROBERT.

Madame SIMON, *à Robert qui entre.*

EST-CE que monsieur Lorenzy revient déjà?

ROBRT.

Oui... et votre petit Claude.

Madame SIMON.

Il ne tardera pas...

ROBERT.

Tenez, mère Simon, faisons la paix... à condition que je saurai ce que mon maître lui aura dit.

Madame SIMON.

En vérité!

ROBERT.

Il faut que ce soit quelque chose de bien agréable, car il rioit tout seul pendant le chemin -- paix Le voici.

SCENE VII.

Les mêmes, LORENZY.

LORENZY, *en entrant et appercevant Madame Simon.*

AH! bien... amusons nous, d'abord, aux dépens de la mère Simon. Sachons un peu ce que signifioit cette scène d'hier au jardin; ils pleuroient ensemble; elle embrassoit ce jeune homme: de l'amour entr'eux, je ne puis encore m'empêcher d'en rire... Madame Simon, où est Claude?

Madame SIMON.

Il est allé porter un billet de votre commis, chez le banquier voisin.

ROBERT.

Pour toucher de l'argent, peut-être... Quelle confiance!

Madame SIMON.

Il la mérite.

LORENZY.

Cependant, je ne compte pas le garder chez moi davantage.

ROBERT, *avec une pitié feinte.*

Non... Quel malheur!.. (*gaiement*) ah! ah!

M. LORENZY.

L'arivée de mon ami fait que j'aurai besoin de toutes les chambres de ma maison.

ROBERT.

Hélas! c'est vrai. Je ne sais pas même s'il y en aura assez.

Madame SIMON.

Quoi! lui ôter son petit logement! Le renvoyer, lui et son frère; oh! non monsieur, il restera bien toujours quelque petit coin de libre.

ROBERT.

Il leur faut si peu de place... mais c'est qu'il n'y en a pas, du tout.

Madame SIMON.

Je vois qu'on l'a desservi près de vous. Robert n'aime pas le jeune Claude.

ROBERT.

Qui! moi, monsieur.

LORENZY.

Laisse-nous.

ROBERT, *à part.*

C'est dommage, j'allais tout savoir. (*Il sort en se moquant par ses gestes de Madam. Simon.*)

SCENE VIII.

LORENZY, Madame SIMON.

Madame SIMON.

NON, monsieur, il ne l'aime pas.

LORENZY.

Mais vous, en recompense, vous l'aimez beaucoup.

Madame SIMON.

Et qui ne s'intéresseroit à lui ?

LORENZY.

Eh bien, cela est naïf.

Madame SIMON.

Son âge, son caractère, sa figure...

LORENZY.

Et ses tendres conversations au jardin, où vous le menez, apparemment, lorsque vous me croyez sorti.

Madame SIMON, *vivement.*

Au jardin, quoi, monsieur, c'est vous qui nous écoutiez hier, qui vous êtes retiré si doucement et sans vous montrer, oh! bien, tout est dit (*à part.*) ... Il sait que c'est une femme !... (*haut*) vous avez dû nous comprendre.

LORENZY.

Mais à peu-près... (*à part.*) Elle ne cherche pas même d'excuse.

Madame SIMON.

Pardon de ne vous l'avoir pas avoué plutôt.

LORENZY.

Ah! vous m'auriez pris pour votre confident.

Madame SIMON.

Mais! c'eut été trahir cette pauvre fille!

LORENZY, *avec surprise.*

Cette pauvre fille !

Madame SIMON.

Je vois que ce n'est plus la peine de vous rien cacher.

LORENZY.

Une fille !

Madame SIMON.

Son nom est Claudine ; elle est née à Chamouny, le

petit Benjamin est son fils : elle étoit elle-même un ange pour l'innocence, avant qu'un Français, un voyageur dans le Montanverd.... mais au village, à quatorze ans, l'on est si simple, si crédule...

LORENZY.

Une fille ! un voyageur ! ma foi, je ne me doutois guères de tout cela.

Madame SIMON.

Quoi ! monsieur, que me disiez-vous donc? Ainsi j'ai tout découvert moi-même ; mais je ne m'en repens pas: vous daignerez vous intéresser à son sort.

LORENZY.

Parce qu'elle s'est intéressée à un jeune voyageur.

Madame SIMON.

Ah! si vous connaissiez son cœur, ses regrets, son repentir et les promesses qu'elle a faites à mon parent de Salenches, chez qui je me trouvais quand cette infortunée chassée par son père, vint lui apporter une lettre de recommandation. Depuis ce moment, je ne l'ai point perdue de vue; c'est par nos secours qu'elle a élevé son fils à Salenches, et dès qu'il a été en état de la suivre, c'est ici, auprès de moi, qu'elle est venue sous l'habit que vous lui voyez, se condamner au métier pénible de commissionnaire. Ah ! si vous daigniez lui choisir vous-même, une condition honnête.... recommandée par vous....

LORENZY.

Par moi ! ... je répondrais de Claudine sur la foi de vos louanges ou de ses promesses à votre parent ! ... cela seroit aussi d'une bonté, d'une indulgence...

Madame SIMON, *d'un ton piqué.*

Eh ! bien, eh ! bien, n'en parlons plus, je vois que tout le monde l'abandonne, je ne vous prie plus de lui conserver le logement qu'elle avoit chez vous. Son secret une fois connu, la honte l'empêcheroit elle-même d'y rester, et je cours de ce pas lui chercher un autre asile ; hélas!

elle n'a plus que moi, mais je ne lui manquerai pas.— (*Elle sort.*)

SCENE IX.

LORENZY, *seul.*

En vérité, j'admire sa prévention pour cette fille; ce n'est qu'en me faisant son éloge, qu'elle m'a parlé de ses fautes; mais si ce qu'elle dit est vrai, pourtant, si Claudine étoit reellement vertueuse, dans ce cas-là, je serois heureux de pouvoir la placer, lui être utile! elle est vraiment gentille, et depuis que je suis instruit que c'est une femme, je ne sais pourquoi sa figure me parait encore mieux. En vérité, l'on pourroit... Ah! Lorenzy, qu'elle pensée!... non, son malheur la rend respectable et ce seroit un crime, à moi, de vouloir profiter de sa triste situation... mais puisqu'on veut que je réponde d'elle, il faut pourtant savoir à quoi m'en tenir. Il me vient une idée... J'ai envie de l'éprouver moi-même. Jouons près de Claudine quelques minutes le rôle d'un amant; cela ne me sera pas encore bien difficile

1er. Couplet.

Je puis d'une ardeur fidèle
Lui faire aussi le serment....
Toute femme se croit belle,
Digne d'un amour constant.
Vanter sa gentillesse,
Et même ses vertus;
Louer, flater, sans cesse,
Et promettre encor plus....
Pour entrer dans cette lice,
Quoiqu'on ne soit pas Français,
On n'est pas non plus novice,
Et l'on peut croire au succès.

2eme Couplet.

Composons un peu, d'avance,
Nos yeux et notre maintien....
Bien sentir en apparence,
Lorsque le cœur ne sent rien;

Joindre

Joindre au ton le plus tendre,
Un air vif et léger...
Savoir à nous entendre,
Pas à pas s'engager...
Pour entrer dans cette lice,
Quoiqu'on ne soit pas Français,
On n'est pas, non plus, novice,
Et l'on peut croire au succès.

Bon ! voici l'héroïne de madame Simon.

SCENE X.

LORENZY, CLAUDINE.

CLAUDINE, *en entrant, à part.*

C'EST monsieur Lorenzy lui-même, je me sens toute interdite...

LORENZY, *d'un ton encourageant.*

Approche, mon enfant, je suis bien aise de te voir. On dit dans la maison beaucoup de bien de toi, de ta douceur, de ta fidélité, et le hasard qui me donna hier l'occasion de t'entendre, m'a prouvé que tu avais de l'esprit.

CLAUDINE, *avec étonnement.*

De m'entendre, monsieur ?

LORENZY.

Oui... mais que portes-tu là ? Seroit-ce la réponse à la lettre de mon commis ?

CLAUDINE, *lui remettant un [illegible].*

Oui, Monsieur, la voici telle que je l'ai reçue.

LORENZY, *prenant le [illegible].*

Fort bien. Regarde-moi donc : un peu de confiance ; est-ce que nous n'en avons pas en toi, nous autres ?

CLAUDINE.

Oh ! monsieur, je vous en remercie.

LORENZY.

Mais, ce n'est pas pour moi qu'on t'a envoyé chercher cette légère somme. L'innocence dans le malheur a toujours eu droit à mes secours, et ta commission reste encore à finir. (*lui présentant le même rouleau.*) Je charge mon ami Claude d'en faire de ma part un présent....

CLAUDINE.

A qui ?

LORENZY.

A.... Claudine.

CLAUDINE, *laissant tomber la main dont elle allait recevoir le rouleau.*

A Claudine !

LORENZY.

(*A part en riant.*) La voilà bien surprise, (*haut.*) prends donc, est-ce que tu ne la connais pas, cette petite Claudine ?

CLAUDINE, *à part.*

Ah ! ciel !

LORENZY.

C'est bien, je t'assure, ce qu'il y a de plus intéressant, de plus aimable à Genève, et madame Simon ne m'a point trompé.

CLAUDINE.

Ah ! monsieur, je vois qu'elle vous a tout dit. Je suis perdue, je n'ose lever les yeux; combien vous devez me mépriser ?

LORENZY.

Que dis-tu ? rassure toi donc. Est-ce un crime que d'avoir aimé ? Si l'on m'a tout avoué, c'est parce que, déjà, je t'avais entendue au jardin; mais cela même fera ton bonheur.

1er. Couplet.

Oui, je t'en donne l'assurance,
Oui, compte sur moi, désormais,

CLAUDINE.

Ah! d[illegible]
Ne peut [illegible] vos [illegible].

LORENZY.

Je veux qu'à moi ton cœur s'engage.

CLAUDINE.

Vous me méprisez, je le vois;
Mais daignez changer de langage,
On n'est pas crédule deux fois.

LORENZY.

Va, je conçois ta défiance ; mais tous les hommes ne sont pas des traitres, des perfides . . .

CLAUDINE.

Voilà donc votre pitié pour moi!

LORENZY.

Il en est dont le cœur ne changeroit pas.

CLAUDINE.

Le mien, non plus, ne sauroit changer.

LORENZY.

Quoi! tu aimerais encore un infidèle?

CLAUDINE.

Je ne sais pas l'imiter.

LORENZY.

Qui a trahi sa foi...

CLAUDINE.

Dois-je trahir la mienne?

LORENZY.

(*A part.*) Ah! ah! des principes... en [illegible] de l'adresse.

2eme. Couplet.

Va, tu n'auras jamais, fripone,
Besoin d'art, pour me captiver.

CLAUDINE.

Ah! monsieur, quand mon cœur se donne,
C'est sans art.... J'ai su le prouver.

LORENZY.

Eh! bien, pour moi, deviens sensible,
Fais, en m'aimant, un meilleur choix.

CLAUDINE.

Je vous l'ai dit.... c'est impossible,
On ne peut pas choisir deux fois.

LORENZY.

(*A part.*) Quelles réponses simples et fermes..(*haut.*) En vérité, Claudine, je t'admire; voila, certes, de beaux sentimens, qui ne te rendront que plus malheureuse.

CLAUDINE.

J'ai mérité de l'etre!

LORENZY.

Encore si tu esperais le retour de ton amant; mais tu ne le reverras plus.

CLAUDINE.

Ma faute me le rappellera toujours.

LORENZY.

Il faut l'oublier pour ton bonheur et pour celui de Benjamin; songe a ton fils, Claudine.

CLAUDINE.

Eh! le puis-je, sans songer à son père!

LORENZY *la regarde un moment avec surprise et comme satisfait de la trouver vertueuse.*

(*A part.*) Je commence a croire que madame Simon a dit vrai. (*haut.*) Tu n'as donc pas d'autres réponses à me faire quand la fortune s'offroit à toi.... eh bien, *(avec une colère feinte.)* je t'abandonne, garde tes sentimens et ton indigence et cette misérable sellette qui fournit à peine à tes besoins ; que ton sort devienne ce qu'il pourra, je ne m'en mêle plus... adieu. *(Il s'arrête un moment.)* *(à part.)* Elle me laissera partir.... ne la voyons plus ; je finirais peut être par l'aimer : mais cette somme *(montrant le rouleau)* n'en sera pas moins à elle, et de la main de madame Simon, elle pourra l'accepter sans rougir. *(Il retourne chez lui.)*

SCENE XI.

CLAUDINE, *seule.*

O ! madame Simon... mais je ne vous en veux pas. C'est moi qui me suis au jardin trahie moi-même ! est-il possible que monsieur Lorenzy m'ait parlé sérieusement ?... Seroit-ce donc là tout ce qu'on peut attendre des hommes ?

1er. Couplet.

Il n'en est pas de généreux
Pour une pauvre infortunée !
Cedez, resistez à leurs vœux,
En est-on moins abandonnée !
Helas, l'un en me séduisant,
Dans le malheur m'a su conduire....
Et pour m'en tirer, à présent,
L'autre veut aussi me séduire.

Sortons de cette ville, je n'y pourrais, sans honte, lever les yeux, courons chercher mon fils, allons à Chambéry, n'importe en quels lieux, pourvu que je n'y sois pas connue. *(Elle reprend sa sellette, et en la passant autour d'elle.)*

2eme. Couplet.

(à sa sellette.)

C'est toi, mon unique tresor,
Qu'à tout autre, ici, je préfère !
C'est à toi, que je veux encor
Laisser le soin de ma misère.

J'ai pu rougir de te porter,
Le mépris semblait ton partage....
Mais si j'avais pu te quitter,
Je rougirais bien d'avantage.

Qui aurai-je, maintenant, pour partager mes peines, pour parler quelquefois de celui qui les cause; je vais embrasser madame Simon pour la dernière fois!

SCENE XII.

CLAUDINE, DUBOIS, *un porte-manteau sur les épaules.*

DUBOIS, *en entrant.*

LA maudite chose qu'une voiture publique. (*Claudine s'arrête.*) Hola, n'est-ce pas de ce coté, la maison du citoyen Lorenzi?

CLAUDINE.

Oui, monsieur.

DUBOIS.

Pas de *Monsieur*, les Français n'ont qu'un titre, celui de citoyen.

CLAUDINE, *à part.*

Voila, sans doute, ceux qu'on attend.

DUBOIS.

N'est-il pas arrivé ici un étranger?

CLAUDINE.

Non.

DUBOIS.

Non.... j'ai pourtant bien passé l'heure qu'il m'avoit fixée en me quittant, et cependant il court en poste à franc étrier. Il m'a donné rendez-vous ici. Il ne peut tarder, je vais l'attendre, je ne veux pas entrer sans lui.

CLAUDINE.

Donnez-moi du moins, votre porte-manteau que je vous en débarrasse : si vous n'entrez pas encore, le portier vous le gardera. Je suis commissionnaire de la maison.

DUBOIS.

Oui da, je ne demande pas mieux, je le porte depuis que j'ai quitté la diligence, et puis c'est tout le bagage de mon maître et le mien. (*Regardant Claudine qu'il croit trop foible pour le porte-manteau.*) Eh! mon enfant, tu ne pourras jamais.

CLAUDINE.

Oh! il n'y a pas bien loin, c'est mon métier, donnez toujours.

DUBOIS, *lui aidant à charger le porte-manteau sur les épaules.*

Attends donc, quitte ta sellette, tu la retrouveras ici. (*après l'avoir chargée du porte-manteau*) eh bien, qu'en dis-tu ? (*la voyant [illegible]*) A merveille, il en viendra à bout. Voila bien le plus joli commissionnaire que j'aie encore vu. (*Claudine sort.*)

SCENE XIII.

DUBOIS, *seul.*

NON ma foi, je n'entrerai pas seul; le citoyen Lorenzo ne me disoit-il pas [illegible] Dubois, où est ton maître [illegible], qu'il m'a quitté à Chambéry, que l'amour le plus [illegible] lui fait courir les champs, qu'à peine sortant d'une longue captivité, c'est sa conscience et des remords qui nous ramènent dans ces climats. Il en perd la tête. Voilà pourtant comme j'étois autrefois, grace à dieu, j'ai bien changé.

AIR :

J'ai, ma foi, plus de raison
Que n'en a mon pauvre maître.
Bien plus d'une aimable Marton,
Souvent m'a vu disparaître.
De la part de la beauté,
Les noms de perfide et de traître,
Qui font tant de peur à mon maître,
Ne m'ont jamais épouvanté.

En tous lieux où je voyage,
Aux belles je fais ma cour,
Tour à tour.
La plus tendre et la plus sage,
Souvent n'obtient du retour
Qu'un seul jour.
A la fin de mon voyage,
Je quitte aisément la beauté qui m'engage,
Et je vais,
Sans regrets,
Bien certain du succès,
Presenter un nouvel hommage
A quelques nouveaux attraits.

J'entends quelqu'un, *(il regarde à un des côtés du théâtre.)* Ah ! c'est enfin lui-même; le voila qui descend de cheval; ah ! quel air de tristesse ! il parait encore plus réveur et plus abattu qu'auparavant.

SCENE XIV.

FLORVILLE, DUBOIS.

DUBOIS, *allant à Florville.*

JE suis ici depuis long-tems -- bon dieu ! quelle course vous avez faite ! couvert de sueur et de poussière. Un moment, vous n'entrerez pas dans l'état où vous voila. . . *(montrant la sellette.)* heureusement, j'ai ici de quoi réparer un peu ce désordre. Il y a sans doute des femmes dans la maison. *(Il va prendre dans la sellette une brosse pour les habits, et il s'arrête aux premiers mots de Florville.)*

FLORVILLE.

Ah ! pourquoi me suis-je engagé à venir chez Lorenzy? dans le trouble qui me dévore, c'est la solitude la plus profonde....

DUBOIS.

Comment donc ? Est-ce là cette joie que vous aviez en me quittant ?

FLORVILLE.

Je suis désespéré ! plus de repos, plus de bonheur pour moi ; qu'ai-je appris ? Quel nouveau lien que j'ignorais encore m'attachoit à elle ? Où les chercher à présent, l'un et l'autre ? A qui, dans son malheur m'auroit-elle demandé ? Ne lui avais-je pas même déguisé mon nom ? Voilà le fruit de ces préjugés odieux et méprisables qui m'avoient forcé de m'éloigner d'elle, et que je venois enfin abjurer à ses pieds. Quel monstre je suis à mes propres yeux !

DUBOIS.

Mais ne venez-vous donc pas de la revoir ?

FLORVILLE.

C'en est fait, te dis-je, mon malheur est au comble ; elle est perdue pour moi ; en vain j'ai questionné, prié, pressé, son sort est un mystère pour le monde ; tout ce que j'ai pu savoir -- ô lumière douce et funeste à la fois ! un enfant infortuné comme elle ! proscrite et déshonorée, elle a disparu pour jamais ; patrie, famille, il lui a fallu tout quitter.

DUBOIS.

Ma foi, cela me touche à mon tour.

FLORVILLE.

AIR :

Le désespoir qui m'accable,
Va me poursuivre en tous lieux ;
Toujours leur sort déplorable
Sera présent à mes yeux.
J'ai perdu tout ce que j'aime,
J'ai trahi tous mes sermens,
Et j'ai préparé, moi-même,
Mes regrets et mes tourmens.

Amour ! entends ma prière !
Et conduis-moi sur ses pas !
Au malheur ne daigne soustraire
Tant d'innocence et d'appas.
Mais mon cœur en désespère....
Ils sont, en d'autres climats,
Déjà, peut-être, la misère
A causé leur trépas.

DUBOIS.

(*À part.*) Tâchons de le calmer. (*Haut.*) Vous savez si je vous aime, si je vous suis attaché. Soyez tranquille, je vous promets de la chercher, moi, et sur elle au bout du monde vous aurez de ses nouvelles..... (*Il prend dans la sellette une brosse pour les habits.*) en attendant, le citoyen Lorenz pourra vous consoler. Encore une fois, vous ne pourriez vous présenter comme vous êtes. (*Il brosse l'habit de Florville.*)

FLORVILLE.

Que veux-tu que je fasse ?

DUBOIS.

Vous comptiez aujourd'hui lui faire partager votre joie, eh bien, il partagera vos peines.

SCÈNE XV.

Les mêmes, CLAUDINE *sortant de la maison avec* BENJAMIN. *Elle se retourne et regarde, en soupirant, la maison qu'elle va quitter pour jamais.*

BENJAMIN, *à Claudine.*

Mon frère... nous ne pourons donc pas dire adieu à madame Simon.

CLAUDINE, *accourant, à Dubois.*

Ah ! c'est ma brosse... donnez cela me regarde.

FLORVILLE, *toujours rêveur.*

Où la retrouver à présent ?

DUBOIS, *à Claudine.*

Non, non, je me charge de l'habit.

CLAUDINE.

Benjamin, apporte la sellette. (*Benjamin va la chercher.*)

DUBOIS, *à Claudine.*

Toi, mon ami, un petit coup de brosse ici .. ces bottes sont couvertes de poussière... Allons, dépêche toi..... (*Il pose le pied de Florville sur la sellette.*)

FLORVILLE.

Que tu es importun ?

Claudine se met à genoux près de la sellette, une brosse à la main, et Benjamin est à côté d'elle.

DUBOIS, *à Claudine.*

A présent, la petite chanson pour égayer le citoyen. Il en a besoin.

CLAUDINE.

Je n'en ai guères le courage.

DUBOIS.

Bon, ce que tu voudras, un air savoyard... la chemina... (*à Florville.*) et moi je cours vous annoncer. (*Il sort.*)

SCÈNE XVI.

Les mêmes, excepté DUBOIS.

CLAUDINE, *en tressant les bottes.*

1er. Couplet.

Hélas! Jeannette,
Qui chantait si bien,
La rirette,
Triste et seulette,
Ne chante plus rien.
Loin du volage
Qui l'a pu trahir,
Dans son jeune âge
Ne sait que gémir.

FLORVILLE, *à part.*

Ah! cet air me la rappelle encore.

CLAUDINE.

2eme Couplet.

Loin que Jeannette
Puisse aussi changer,
La rirette,
Son cœur rejette
Tout autre berger.
Loin du volage
Qui l'a pu trahir,
Dans son jeune âge
Ne sait que gémir.

FLORVILLE *reprend avec expression.*

Loin du volage
Qui l'a pu trahir,
Dans son jeune âge
Ne sait que gémir.

CLAUDINE, *en levant la tête et en regardant Florville qui est de côté.*

Comme il répete mes paroles!

BENJAMIN.

Monsieur, donnez l'autre pied.

Tandisque Florville, toujours rêveur, se retourne pour poser l'autre pied, Claudine le reconnoit, et laissant tomber sa brosse avec un mouvement de surprise.

CLAUDINE.

Ciel!

BENJAMIN, *ramassant la brosse.*

Mon frere! tu es fatigué! oh bien, laisse-moi faire à ta place. (*il s'efforce de brosser.*)

SCÈNE XVII.

Les mêmes, Madame SIMON.

Madame SIMON, *en entrant.*

Bien! voici Claude (*Elle s'approche de Claudine.*)

CLAUDINE, *toujours immobile et l'œil fixé sur Florville.*

Oui, c'est lui, je ne me soutiens plus. (*Elle tombe évanouie.*)

Madame SIMON, *la recevant dans ses bras.*

J'ai trouvé pour toi.... qu'elle pâleur, les forces l'abandonnent. (*A ces mots, Florville tourne la tête et s'élançant vers Claudine pour la secourir.*)

FLORVILLE.

Quoi! qu'a-t-il donc? (*Il la porte sur le banc placé vis-à-vis de la maison.*)

BENJAMIN, *à Florville et en emportant la sellette.*

Eh! monsieur, ce n'est pas encore fini. (*Puis courant à Claudine qu'il voit dans les bras de madame Simon.*) O mon bon ami!

Madame SIMON *donnant des secours à Claudine.*

Mon enfant !

FLORVILLE, *après avoir placé Claudine sur le banc, la regarde et reculant de surprise.*

Bon dieu ! quels traits ! quelle ressemblance ! quand ce seroit son frère -- ah ! tout mon cœur est déchiré, j'ai cru la revoir elle-même. (*A madame Simon*) De grace... mais elle n'est pas en état de m'entendre. (*Il court à Benjamin, l'enlève dans ses bras et le portant sur le bord de la scène.*) Mon ami, répondez moi.

BENJAMIN, *montrant Claudine.*

O monsieur, mon pauvre frère !

FLORVILLE.

Où êtes-vous né ?

BENJAMIN.

A Salenches.

FLORVILLE.

A Salenches..... et votre frère aussi ?

BENJAMIN.

Je n'en sais rien.

FLORVILLE.

Avez-vous été à Chamouny ?

BENJAMIN.

Non, monsieur,

FLORVILLE.

Où est votre sœur ?

BENJAMIN.

Je n'en ai point.

FLORVILLE.

Votre mère ?

BENJAMIN.

Je ne la connais pas.

FLORVILLE

Votre père ?

BENJAMIN [illegible]

Je n'ai que mon frère Claudin.

FLORVILLE.

Quel trouble j'éprouve ! quel charme m'attendrit ! je ne puis, sans être ému, les regarder l'un et l'autre.

SCÈNE XVIII.

Les mèmes, LORENZY, *précédé par* DUBOIS.

LORENZY, *à Florville qu'il court embrasser.*

VIENS donc, mon cher Florville, mais pourquoi ce trouble....

FLORVILLE.

Mon ami, cet enfant ! des souvenirs déchirans!

LORENZY, [illegible]

Quoi ! qu'a-t-il donc ?

Madame SIMON.

Laissez, il se ranime.

LORENZY.

Qu'on le ramène chez moi, qu'on lui prodigue tous les secours... (*à Florville.*) mon ami ... des souvenirs, explique-toi, aurais-tu jamais été à Chamouny ?

FLORVILLE *tirant Lorenzy à part.*

Que dis-tu ? Il seroit de Chamouny ?

CLAUDINE, *revenant à elle et regardant madame Simon.*

O ciel !

FLORVILLE, *à Lorenzy.*

C'est donc son frère... Voilà ce que mon cœur devinoit ! achève, mon ami... sa sœur... n'a-t-il pas une sœur ?

LORENZY.

Une sœur !

FLORVILLE.

Oui, une pauvre fille que j'ai abandonnée... une infortunée Claudine....

LORENZY, *avec surprise.*

Claudine, qu'elle rencontre !

CLAUDINE, *à madame Simon.*

C'est lui !

LORENZY, *à Florville.*

Eh ! mon ami, c'est un modèle d'innocence et de courage.

FLORVILLE, *vivement.*

Tu la connoissois !... où est-elle ?

LORENZY.

Cachée à tout le monde, se soumettant au métier le plus pénible, et ne connoissant d'autre malheur que de t'avoir perdu.

FLORVILLE.

Elle m'aimeroit encore ? conduis moi, je veux la voir.

LORENZY.

Nous n'irons pas bien loin.

CLAUDINE.

CLAUDINE.

Eh! la voilà... c'est elle...

FLORVILLE *courant à Claudine.*

Elle !... ah dieu !

CHŒUR GÉNÉRAL.

CLAUDINE. Oui, c'est Claudine. FLORVILLE. C'est ma Claudine. LORENZY. Oui, c'est Claudine. Madame SIMON. Quoi! c'est Florville ! DUBOIS. Quoi ! c'est Claudine !	Heureux moment !

CLAUDINE.

Toujours fidèle à son amant !

FLORVILLE.

Toujours fidele à son amant.

CLAUDINE et FLORVILLE.

Mon cœur flétri depuis longtems.
Respire après tant de tourmens.

SCENE XIX et DERNIÈRE.

Les mêmes, ROBERT.

ROBERT, *accourant.*

Quel bruit ! quels cris ! quels changemens !

LE CHŒUR.	ROBERT.
Respire après tant de tourmens.	Que parle-t-on ici d'amans?...

CLAUDINE.

A peine, encore, je le crois!

FLORVILLE.

C'est vous que je revois,
Vous que j'avais trahie.

CLAUDINE.

Trop de sentimens à la fois
Agitent mon ame attendrie.

CHŒUR.	ROBERT.
Oui, c'est Claudine, heureux moment! Toujours fidèle à son amant.	C'est Claudine, quel changement! Et ce Français est son amant!

FLORVILLE, *à Claudine.*

Cet habit a pu tromper mes yeux; mais à mon trouble, à mes remords, à mon amour, je t'avois reconnue. Ah! dès cet instant, reprends les habits de ton sexe; viens me donner le nom d'époux, me pardonner un crime que je ne pouvois me pardonner à moi-même; viens me rendre l'honneur, car c'est moi seul qui l'avais perdu, en trahissant tant d'innocence.

CLAUDINE.

Est-ce un songe? Puis-je vous croire?

FLORVILLE.

Va, cette fois, Florville ne sera point parjure.

CLAUDINE, *montrant Benjamin.*

Eh bien! voilà votre fils qui vous répondra mieux que moi.

FLORVILLE *prenant Benjamin dans ses bras.*

Lui! cet aimable enfant! ah! déjà mon cœur semblait voler vers lui, je retrouve donc tout ce qui m'étoit cher.

LORENZY *à Claudine.*

Pardonnez-moi, Claudine, d'avoir pu douter un moment d'un cœur tel que le vôtre; et toi, mon cher Florville, embrasse moi. Que tu es heureux d'être Français! les maximes de l'orgueil, ces lignes de démarcation qu'il osoit établir entre deux êtres qui s'aiment, t'auroient forcé d'être toujours coupable et malheureux, et vos loix dictées par la nature te rendent à la vertu et au bonheur. O douce et sainte égalité! ce n'est pas là le moindre de tes bienfaits!

Madame SIMON *à Florville.*

Ah! permettez que je vous embrasse aussi; (*à Claudine.*) ô ma chere enfant! j'en suis encore toute saisie de joie.

ROBERT.

Et moi d'étonnement.... avec tout mon esprit, je ne suis donc qu'une bête, car je n'avais rien soupçonné de tout cela.

VAUDEVILLE.

Madame SIMON, *à Claudine.*

1er. Couplet.

De ma tendresse inquiète,
Objet aimable et chéri,
Déjà d'une autre retraite
J'allais te chercher l'abri.
Ce soin devient inutile,
L'amour t'en offre un plus doux;
Pour toi le plus sûr asyle
Est auprès de ton epoux.

ROBERT.

2eme. Couplet.

Que Claudine me pardonne,
De moi, Claude est bien vengé.
Pardi, voilà qui m'étonne,
Les Francais ont bien changé!
Pour cajoler nos bergères,
Jadis ils venaient chez nous;
Mais ils n'y revenaient guères,
Tout expres pour être époux.

LORENZY.

3eme Couplet.

Déjà, partout on s'éclaire,
Les prejugés sont vaincus;

L'égalité sur la terre
Ramenera les vertus.
Le riche, sous la chaumière
Cherchant le bien le plus doux,
De la plus simple bergere
Deviendra l'heureux epoux.

DUBOIS.

4eme. Couplet.

Parbleu! l'exemple me gagne,
L'hymen me plaît à mon tour.
Mais qui choisir pour compagne,
Quand mille me font la cour!
Si, pour prevenir mes doutes
Et pour mieux fixer mes goûts,
Je pouvais les choisir toutes....
Oh! quel bonheur d'etre epoux!

FLORVILLE, *à Claudine.*

5eme. Couplet.

Viens, à l'amour de ton père
Je vais te rendre aujourd'hui.

CLAUDINE.

Je tremble que sa colere
Ne m'eloigne encor de lui,

BENJAMIN, *au Public.*

Ah! puissiez-vous, moins severes,
Nous recevoir parmi vous,
En daignant servir de peres
A Claudine, à son epoux.

FIN.

De l'Imprimerie, rue des Droits de l'Homme, N°. 44.

www.ingramcontent.com/pod-product-compliance
Ingram Content Group UK Ltd.
Pitfield, Milton Keynes, MK11 3LW, UK
UKHW020948220726
13924UKWH00002B/568

9 782019 706531